shule - სკოლა 2
usafiri - მოგზაურობა 5
usafiri - ტრანსპორტი 8
jiji - ქალაქი 10
mazingira - ლანდშაფტი 14
mgahawa - რესტორანი 17
dukakuu - სუპერმარკეტი 20
vinywaji - დასალევი 22
chakula - საჭმელი 23
shamba - ფერმა 27
nyumba - სახლი 31
sebuleni - მისაღები ოთახი 33
jikoni - სამზარეულო 35
bafu - აბაზანა 38
chumba ya mtoto - საბავშვო ოთახი 42
nguo - ტანსაცმელი 44
ofisi - ოფისი 49
uchumi - ეკონომიკა 51
kazi - პროფესიები 53
zana - იარაღები 56
ala za muziki - მუსიკალური ინსტრუმენტები 57
bustani ya wanyama - ზოოპარკი 59
michezo - სპორტი 62
shughuli - მოქმედებები 63
familia - ოჯახი 67
mwili - სხეული 68
hospitali - საავადმყოფო 72
dharura - გადაუდებელი შემთხვევა 76
dunia - დედამიწა 77
saa - საათი 79
wiki - კვირა 80
mwaka - წელი 81
maumbo - ფორმები 83
rangi - ფერები 84
kinyume - საპირისპიროები 85
nambari - რიცხვები 88
lugha - ენები 90
ambao / nini / jinsi - ვინ / რა / როგორ 91
wapi - სად 92

Impressum
Verlag: BABADADA GmbH, Nedderfeld 112 , 22529 Hamburg
Geschäftsführer / Verlagsleitung: Harald Hof
Druck: Books on Demand GmbH, In de Tarpen 42, 22848 Norderstedt

Imprint
Publisher: BABADADA GmbH, Nedderfeld 112 , 22529 Hamburg, Germany
Managing Director / Publishing direction: Harald Hof
Print: Books on Demand GmbH, In de Tarpen 42, 22848 Norderstedt

1

shule

სკოლა

sajili
საკლასო ოთახი
kugawanya
გაყოფა
186/2
ubao
დაფა
სკოლის ეზო
mwalimu
მასწავლებელი
karatasi
ქაღალდი
kuandika
წერა
kalamu
კალამი
dawati
მაგიდა
rula
სახაზავი
kitabu
წიგნი
mwanafunzi
მოსწავლე

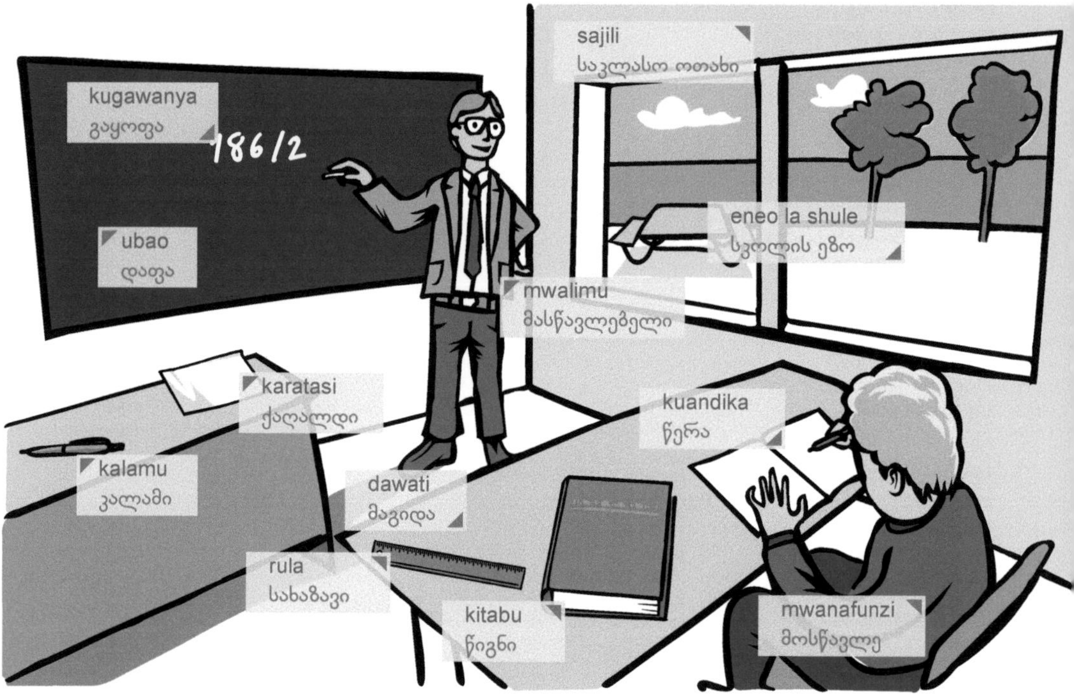

mkoba

ზურგჩანთა

kikasha cha penseli

პენალი

penseli

ფანქარი

kichonga penseli

ფანქრების სათლელი

mpira

საშლელი

pedi ya kuchora

ნახატების ალბომი

2

uchoraji

ნახატი

brashi ya rangi

ფუნჯი

sanduku la rangi

საღებავის ყუთი

mkasi

მაკრატელი

gundi

წებო

daftari

სავარჯიშო რვეული

kazi ya nyumbani

საშინაო დავალება

nambari

ნომერი

jumlisha

დამატება

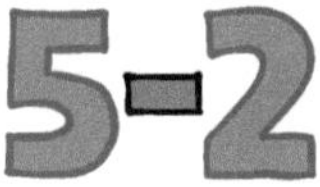

ondoa

გამოკლება

zidisha

გამრავლება

kokotoa

გამოთვლა

barua

წერილი

alfabeti

ანბანი

neno

სიტყვა

maandishi

ტექსტი

kusoma

წაკითხვა

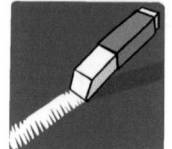

chaki

ცარცი

somo

გაკვეთილი

sajili

რეგისტრაცია

uchunguzi

გამოცდა

cheti

სერტიფიკატი

sare za shule

სკოლის ფორმა

elimu

განათლება

elezo

ენციკლოპედია

chuo kikuu

უნივერსიტეტი

darubini

მიკროსკოპი

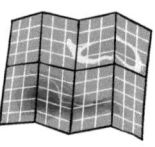

ramani

რუქა

kikapu cha kuweka karatasi
chafu

კალათა ნარჩენი
ქაღალდებისათვის

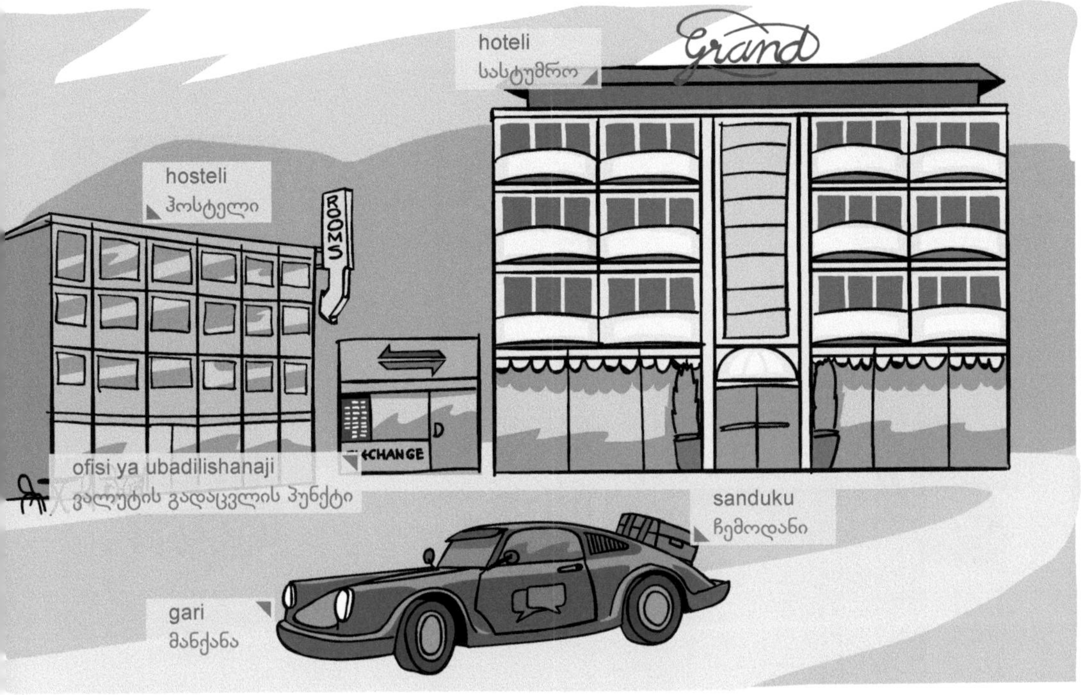

hoteli
სასტუმრო
Grand
hosteli
ჰოსტელი
ROOMS
ofisi ya ubadilishanaji
ვალუტის გადაცვლის პუნქტი
EXCHANGE
sanduku
ჩემოდანი
gari
მანქანა

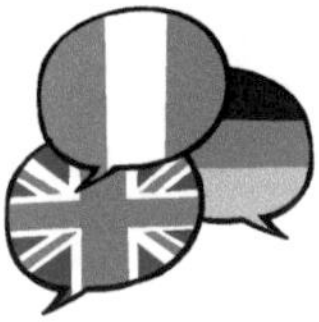

lugha
ენა

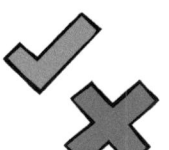

ndiyo / la
კი / არა

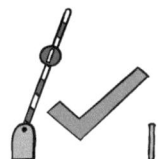

sawa
კარგი

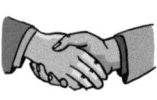

hujambo
გამარჯობა

mtafsiri
მთარგმნელი

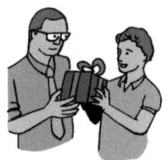

Asante
გმადლობთ

kiasi gani ni ...?

რა ღირს... ?

Sielewi

ვერ გავიგე

tatizo

პრობლემა

Jioni njema!

აღამო მშვიდობისა!

Habari za asubuhi!

დილა მშვიდობისა!

Usiku mwema!

ღამე მშვიდობისა!

kwa heri

ნახვამდის

mwelekeo

მიმართულება

mizigo

ბარგი

mfuko

ჩანთა

shanta

ზურგჩანთა

mgeni

სტუმარი

chumba

ოთახი

begi la kulalia

საძილე ტომარა

hema

კარავი

taarifa ya utalii

ტურისტული ინფორმაცია

ufuo

სანაპირო

kadi

საკრედიტო ბარათი

kifunguakinywa

საუზმე

chakula cha mchana

ლანჩი

chakula cha jioni

ვახშამი

tiketi

ბილეთი

kuinua

ლიფტი

muhuri

საფოსტო მარკა

mpaka

საზღვარი

mila

საბაჟო

ubalozi

საელჩო

visa

ვიზა

pasipoti

პასპორტი

usafiri
ტრანსპორტი

ndege
თვითმფრინავი
meli
გემი
injini ya moto
სახანძრო მანქანა
basi
ავტობუსი
lori
სატვირთო მანქანა
motaboti
მოტორიზებული ნავი
baiskeli
ველოსიპედი
gari
მანქანა

feri

ბორანი

mashua

ნავი

pikipiki

მოტოციკლი

gari la polisi

პოლიციის მანქანა

gari la mashindano

სარბოლო მანქანა

gari la kukodisha

დაქირავებული მანქანა

kushiriki gari
....
მანქანის ერთობლივი მოხმარება

lori la kuvuta
....
საბუქსირე მანქანა

ukusanyaji taka
....
ნაგვის მანქანა

motor
....
ძრავა

mafuta
....
საწვავი

kituo cha mafuta
....
ბენზინგასამართი სადგური

ishara trafiki
....
საგზაო ნიშანი

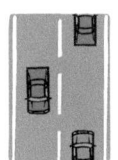

trafiki
....
მოძრაობა

msongamano
....
საცობი

maegesho
....
მანქანის სადგომი

kituo cha treni
....
მატარებლის სადგური

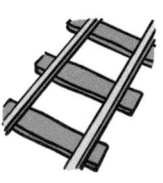

reli
....
ლიანდაგები

garimoshi
....
მატარებელი

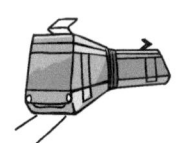

tremu
....
ტრამვაი

gari la mizigo
....
ვაგონი

helikopta

ვერტმფრენი

uwanja wa ndege

აეროპორტი

mnara

კოშკი

abiria

მგზავრი

chombo

კონტეინერი

katoni

მუყაოს ყუთი

mkokoteni

ურიკა

kikapu

კალათა

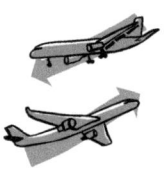

ondoka

აფრენა / დაშვება

jiji

ქალაქი

kijiji

სოფელი

katikati ya jiji

ქალაქის ცენტრი

nyumba

სახლი

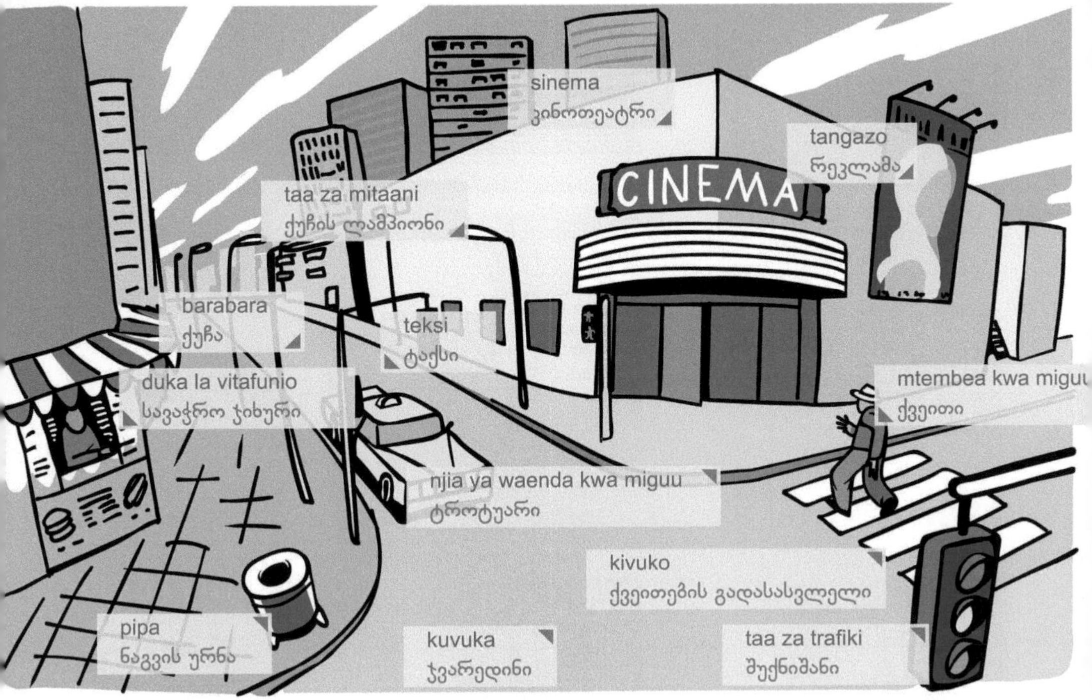
CINEMA
sinema
კინოთეატრი
tangazo
რეკლამა
taa za mitaani
ქუჩის ლამპიონი
barabara
ქუჩა
teksi
ტაქსი
duka la vitafunio
სავაჭრო ჯიხური
mtembea kwa migu
ქვეითი
njia ya waenda kwa miguu
ტროტუარი
kivuko
ქვეითების გადასასვლელი
pipa
ნაგვის ურნა
kuvuka
ჯვარედინი
taa za trafiki
შუქნიშანი

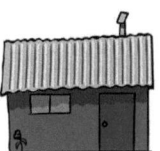

kibanda

ქოხი

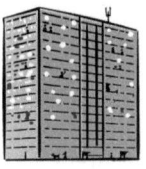

gorofa

ბინა

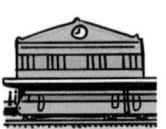

kituo cha treni

მატარებლის სადგური

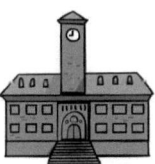

ukumbi wa mji

მუნიციპალიტეტი

MUSEUM

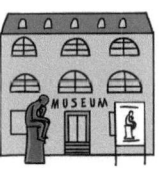

Makavazi

მუზეუმი

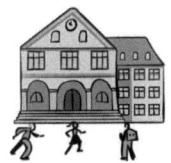

shule

სკოლა

chuo kikuu

უნივერსიტეტი

benki

ბანკი

hospitali

საავადმყოფო

hoteli

სასტუმრო

duka la dawa

აფთიაქი

ofisi

ოფისი

duka la kitabu

წიგნების მაღაზია

duka

მაღაზია

duka la maua

ფლორისტი

dukakuu

სუპერმარკეტი

soko

ბაზარი

idara ya kuhifadhi

მაღაზიის განყოფილება

mwuza samaki

თევზის გამყიდველი

kituo cha ununuzi

სავაჭრო ცენტრი

bandari

ნავსადგომი

Hifadhi

პარკი

benki

გრძელი სკამი

daraja

ხიდი

vidato

კიბეები

chini ya ardhi

მიწისქვეშა გადასასვლელი

handaki

გვირაბი

kituo cha mabasi

ავტობუსის გაჩერება

bar

ბარი

mgahawa

რესტორანი

sanduku la posta

საფოსტო ყუთი

ishara ya barabara

ქუჩის ნიშანი

mita ya maegesho

პარკინგის საზომი

bustani ya wanyama

ზოოპარკი

kidimbwi cha kuogelea

საცურაო აუზი

msikiti

მეჩეთი

shamba

ფერმა

uchafuzi

გარემოს დაბინძურება

makaburini

სასაფლაო

kanisa

ეკლესია

uwanja wa michezo

საბავშვო მოედანი

hekalu

ტაძარი

mazingira

ლანდშაფტი

jani
ფოთოლი
ishara ya mwelekeo
გზის მანიშნებელი ნიშანი
njia
გზა
malisho
მდელო
jiwe
ქვა
mtembeaji wa masafa
მოგზაური
mti
ხე
mto
მდინარე
nyasi
ბალახი
ua
ყვავილი

bonde

ხეობა

kilima

გორაკი

ziwa

ტბა

msitu

ტყე

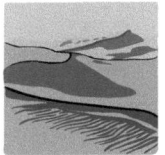

jangwa

უდაბნო

volkano

ვულკანი

ngome

ციხე

upinde wa mvua

ცისარტყელა

uyoga

სოკო

mtende

პალმა

mbu

კოღო

kuruka

ბუზი

chungu

ჭიანჭველა

nyuki

ფუტკარი

buibui

ობობა

mende

ხოჭო

chura

ბაყაყი

kuchakuro

ციყვი

nungunungu

ზღარბი

sungura

კურდღელი

bundi

ბუ

ndege

ფრინველი

swan

გედი

nguruwe mwitu

ტახი

kulungu

ირემი

aina ya kongoni

ცხენ-ირემი

bwawa

კაშხალი

tabo ya upepo

ქარის ტურბინა

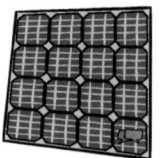

nishaji ya jua

მზის ბატარეა

hali ya hewa

კლიმატი

    mazingira - ლანდშაფტი

mgahawa

რესტორანი

mhudumu
მიმტანი
menyu
მენიუ
kiti
სკამი
supu
სუპი
piza
პიცა
vilia
დანა-ჩანგალი
kitambaa cha mezani
მაგიდაზე გადასაფარებელი

kiamsha hamu

საუზმე

kozi kuu

მთავარი კერძი

kitindamlo

დესერტი

vinywaji

დასალევი

chakula

საჭმელი

chupa

ბოთლი

chakula cha haraka

სწრაფი კვება

Streetfood

ქუჩის საჭმელი

buli

ჩაიდანი

kisanduku cha sukari

საშაქრე

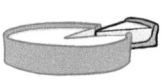

sehemu

პორცია

mashine ya espresso

ესპრესოს მანქანა

kiti kirefu

მაღალი სკამი

muswada

ანგარიში

trei

ლანგარი

kisu

დანა

uma

ჩანგალი

kijiko

კოვზი

kijiko cha chai

ჩაის კოვზი

nepi

ხელსახოცი

glasi

ჭიქა

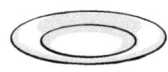

sahani

თეფში

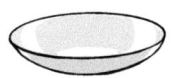

sahani ya supu

სუპის თეფში

sufuria

ჩაის ლამბაქი

mchuzi

საწებელი

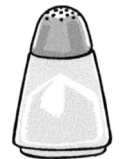

kichanyaji chumvi

სამარილე

kinu cha pilipili

წიწაკის საფქვავი

siki

ძმარი

mafuta

ზეთი

viungo

სანელებლები

kechapu

კეტჩუპი

haradali

მდოგვი

kachumbari nzito

მაიონეზი

dukakuu
სუპერმარკეტი

ofa maalum
სპეციალური შეთავაზება
FOR
mteja
მომხმარებელი
maziwa
რძის ნაწარმი
matunda
ხილი
toroli
ურიკა

mchinjaji

საყასბო

mwokaji

საცხობი

uzito

აწონვა

mboga

ბოსტნეული

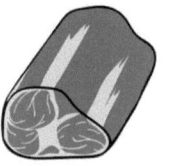

nyama

ხორცი

chakula waliohifadhiwa

გაყინული საკვები

vipande vya nyama baridi

გრილი ხორცი

chakula cha kopo

კონსერვები

sabuni ya unga

სარეცხი ფხვნილი

pipi

ტკბილეული

bidhaa za kaya

საყოფაცხოვრებო
პროდუქტები

bidhaa za kusafisha

სარეცხი საშუალებები

mtu mauzo

გამყიდველი

mpaka

სალარო

keshia

მოლარე

orodha ya manunuzi

საყიდლების სია

masaa ya ufunguzi

მუშაობის საათები

mkoba

პორტმანი

kadi

საკრედიტო ბარათი

mfuko

ჩანთა

mfuko wa plastiki

პლასტიკური პარკი

vinywaji

დასალევი

maji

წყალი

sharubati

წვენი

maziwa

რძე

coke

კოკა-კოლა

mvinyo

ღვინო

bia

ლუდი

pombe

ალკოჰოლი

kakao

კაკაო

chai

ჩაი

kahawa

ყავა

spreso

ესპრესო

kapuchino

კაპუჩინო

ndizi

ბანანი

tufaha

ვაშლი

machungwa

ფორთოხალი

tikiti

საზამთრო

lemon

ლიმონი

karoti

სტაფილო

kitunguu saumu

ნიორი

mianzi

ბამბუკი

kitunguu

ხახვი

uyoga

სოკო

karanga

კაკალი

nudo

ატრია

spageti

სპაგეტი

mpunga

ბრინჯი

saladi

სალათი

vibanzi

ჩიპსები

viazi vya kukaanga

შემწვარი კარტოფილი

piza

პიცა

hambaga

ჰამბურგერი

sandwichi

სენდვიჩი

kipande

კოტლეტი

paja la mnyama

ლორი

salami

სალიამი

soseji

ძეხვი

kuku

წიწილა

choma

შემწვარი ხორცი

samaki

თევზი

oats ya uji

შვრიის ფაფა

muesli

მუსლი

cornflakes

სიმინდის ფანტელები

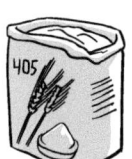

unga

ფქვილი

kroisanti

კრუასანი

andazi

ბულკი

mkate

პური

mkate wa kubanika

ტოსტი

biskuti

ნამცხვრები

siagi

კარაქი

maziwa mgando

ხაჭო

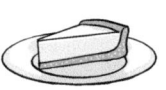

keki

ტორტი

yai

კვერცხი

yai kukaanga

ერბო-კვერცხი

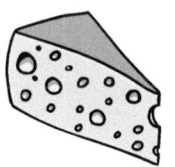

jibini

ყველი

chakula - საჭმელი

aiskrimu

ნაყინი

sukari

შაქარი

asali

თაფლი

jemu

ჯემი

kuenea kwa chokoleti

შოკოლადის კრემი

mchuzi wa viungo

კარი

chakula - საჭმელი

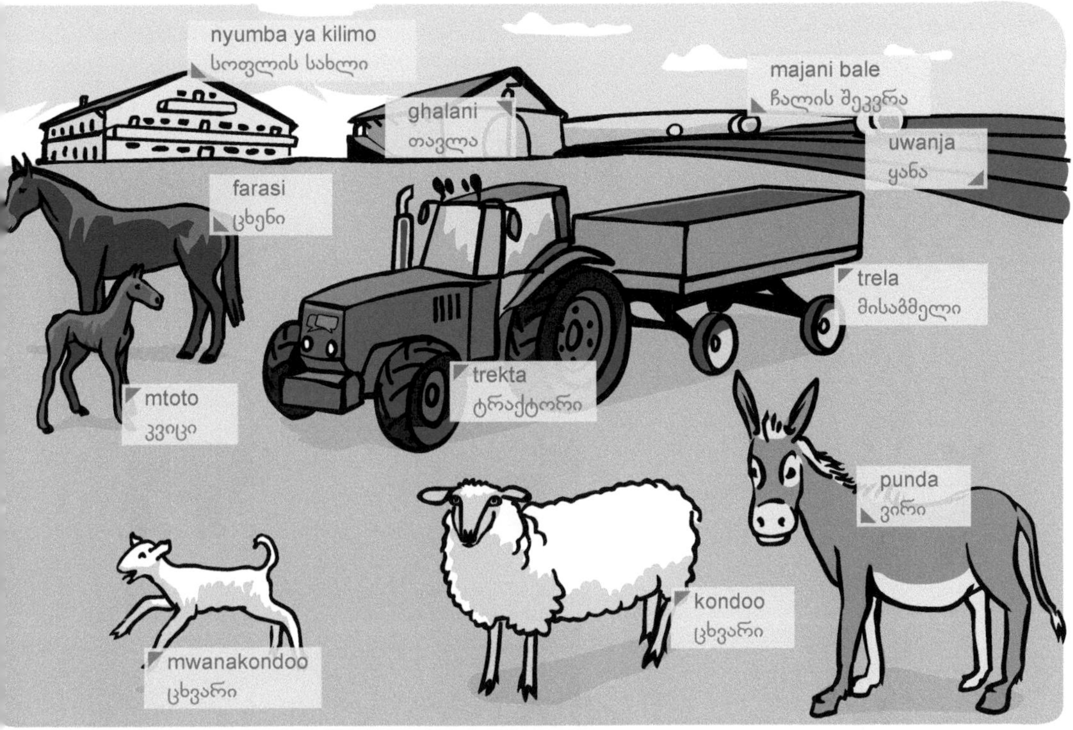

nyumba ya kilimo
სოფლის სახლი

majani bale
ჩალის შეკვრა

ghalani
თავლა

uwanja
ყანა

farasi
ცხენი

trela
მისაბმელი

trekta
ტრაქტორი

mtoto
კვიცი

punda
ვირი

kondoo
ცხვარი

mwanakondoo
ცხვარი

mbuzi

თხა

ng'ombe

ძროხა

ndama

ხბო

nguruwe

ღორი

mwananguruwe

გოჭი

fahali

ხარი

batabukini

ბატი

bata

იხვი

kifaranga

წიწილა

kuku

ქათამი

jogoo

მამალი

panya

ვირთხა

paka

კატა

panya

თაგვი

ng'ombe

ხარი

mbwa

ძაღლი

nyumba ya mbwa

საძაღლე

bomba la bustani

ბაღის შლანგი

debe la kumwagilia maji

საბაღე წურწურა

fyekeo

ცელი

kulima

გუთანი

mundu

ნამგალი

jembe

თოხი

uma wa nyasi

პატივის სახვეტი ჩანგალი

shoka

ცული

toroli

მაზიდი

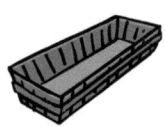

kupitia nyimbo

გობი

chombo cha maziwa

რძის ბიდონი

gunia

ტომარა

ua

ღობე

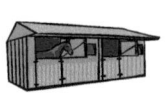

imara

ბოსელი

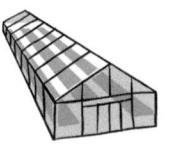

chafu

სათბური

udongo

ნიადაგი

mbegu

თესლი

mbolea

სასუქი

kivunaji

მოსავლის ამღები კომბაინი

mavuno

მოსავლის აღება

mavuno

მოსავალი

viazi vikuu

იამი

ngano

ხორბალი

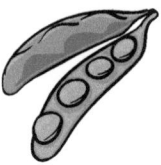

soya

სოიო

viazi

კარტოფილი

mahindi

სიმინდი

rapa

სარეველას თესლი

mti wa matunda

ხეხილი

muhogo

მანიოკი

nafaka

მარცვლეული

nyumba
სახლი

chimni
ბუხარი
paa
სახურავი
bomba la maji ya mvua
წყალსადინარი მილი
dirisha
ფანჯარა
gareji
ავტოფარეხი
kengele ya mlangoni
კარის ზარი
mlango
კარი
pipa la taka
ნაგვის ყუთი
sanduku la barua
საფოსტო ყუთი
bustani
ბაღი

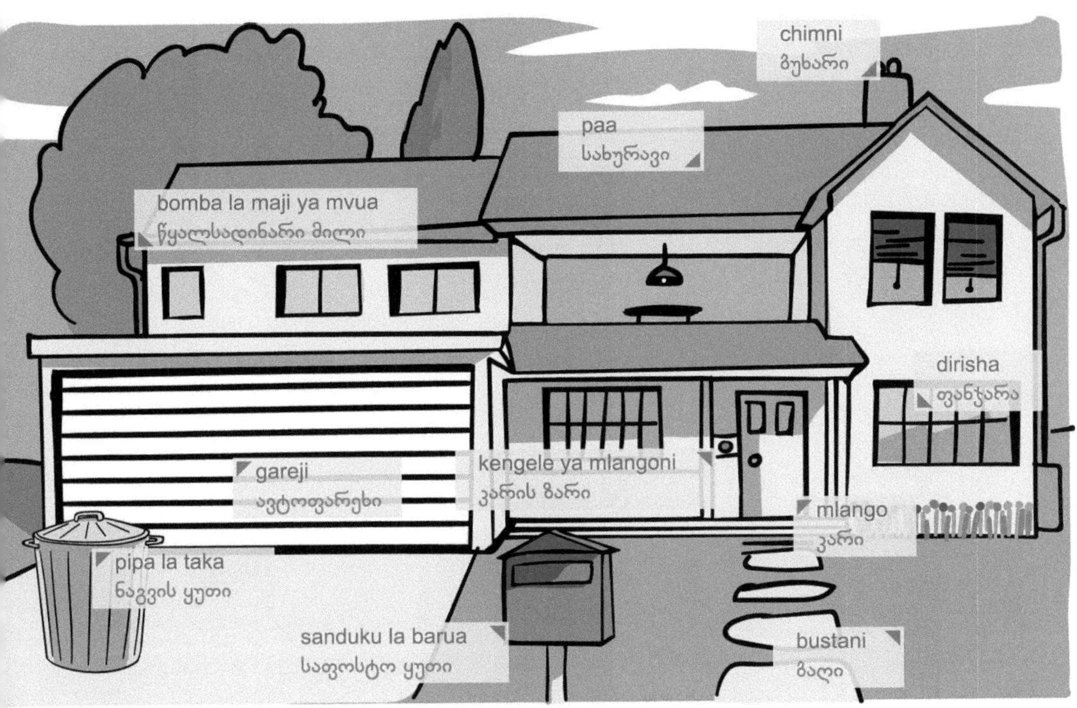

sebuleni

მისაღები ოთახი

bafu

აბაზანა

jikoni

სამზარეულო

chumba cha kulala

საძინებელი

chumba ya mtoto

საბავშვო ოთახი

chumba cha kulia

სასადილო ოთახი

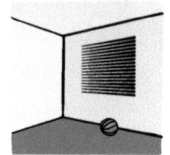

sakafu

სართული

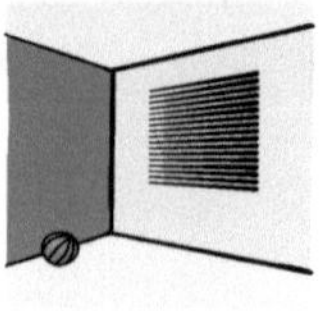

ukuta

კედელი

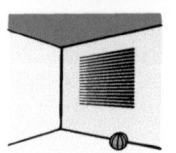

dari

ჭერი

pishi

სარდაფი

sauna

საუნა

roshani

აივანი

mtaro

ტერასა

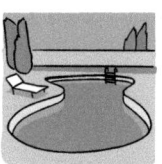

kidimbwi

აუზი

mashine ya kukata nyasi

გაზონის საკრეჭი

karatasi

საბნის კონვერტი

kitambaa cha kupamba kitanda

საწოლი

kitanda

ლოგინი

ufagio

ცოცხი

ndoo

სათლი

kubadili

გადამრთველი

მისაღები ოთახი

mandhari
შპალერი
picha
ნახატი
taa
ნათურა
rafu
თარო
kabati
კარადა
televisheni/runinga
ტელევიზორი
mekoni
ბუხარი
ua
ყვავილი
mto
ბალიში
sofa
დივანი
chombo cha maua
ვაზა
kitenzambali
დისტანციური მართვა

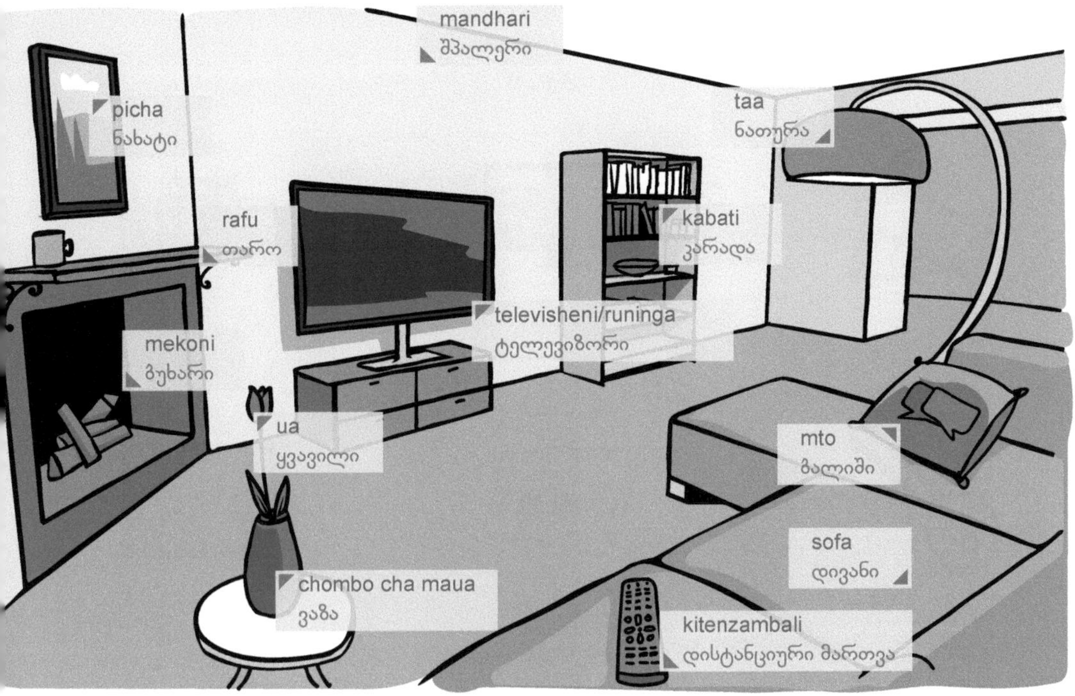

zulia

ხალიჩა

pazia

ფარდა

meza

მაგიდა

kiti

სკამი

kiti cha bembea

სარწეველა სკამი

armchair

სავარძელი

kitabu

წიგნი

blanketi

საბანი

mapambo

დეკორაცია

kuni

შეშა

filamu

ფილმი

kifaa cha hi-fi

hi-fi მოწყობილობები

ufunguo

გასაღები

gazeti

გაზეთი

uchoraji

ფერწერა

bango

პლაკატი

redio

რადიო

daftari

ბლოკნოტი

kifyonza

მტვერსასრუტი

dungusi kakati

კაქტუსი

mshumaa

სანთელი

jikoni

სამზარეულო

jokofu
მაცივარი
kikanza
მიკრო-ტალღური ღუმელი
wadogo jikoni
სამზარეულოს სასწორი
kibaniko
ტოსტერი
sabuni
სარეცხი საშუალება
stovu
ღუმელი
friza
საყინულე
pipa la taka
ნაგვის ყუთი
mashine ya kuoshea vyombo
ჭურჭლის სარეცხი მანქანა

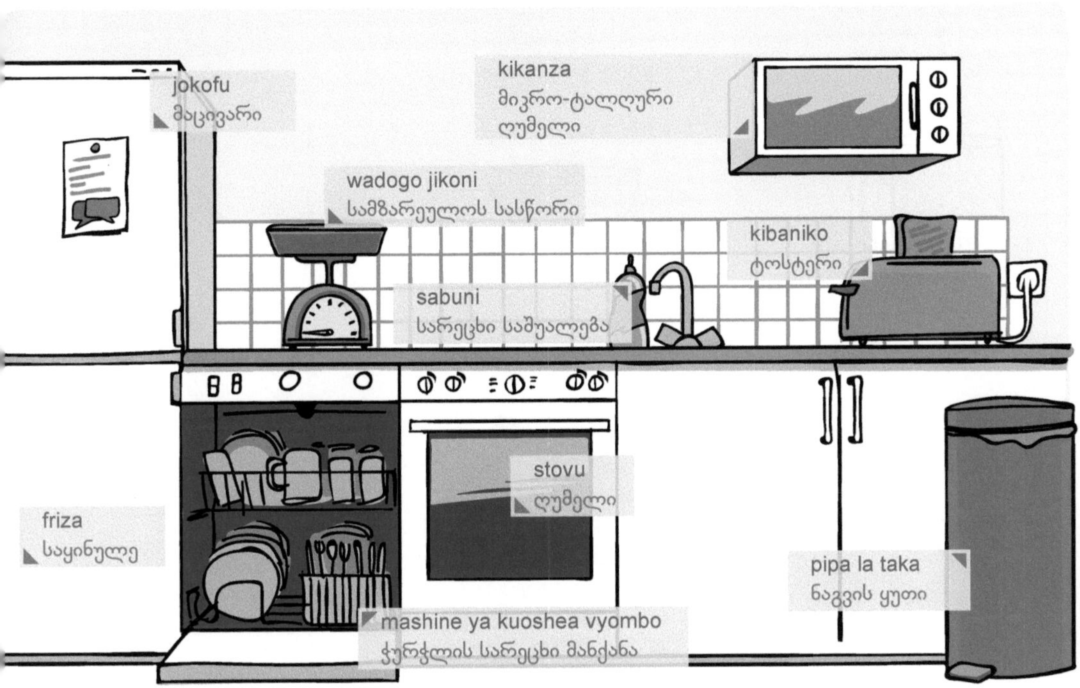

jiko la kupika

გაზქურა

chungu

ქოთანი

sufuria ya chuma

თუჯის ქვაბი

wok / kadai

ტაფა ამოზერილი ფსკერით

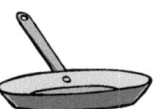

kaango

ტაფა

birika

ჩაიდანი

jikoni - სამზარეულო 35

stima

ორთქლსახარში

sinia ya kuoka

საცხობი ლანგარი

vyombo vya udongo

ჭურჭელი

kombe

კათხა

bakuli

თასი

vijiti vya kulia

ჩინური ჩხირები

ukawa

ჩამჩა

mwiko mpana

ფითხი

burashi

სათქვეფელა

kichujio

საწური

chujio

საცერი

mbuzi

სახეხი

chokaa

სანაყი

barbeque

გრილი

moto wazi

კოცონი

ubao wa majaribio

დაფა

kijiti cha kusukuma unga

საგორავი

kizibuo

ბურღი

kopo

ქილა

inaweza kopo

ქილის გასახსნელი

kishikio cha chungu

ქოთნის დამჭერი

karo

ნიჟარა

brashi

ფუნჯი

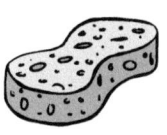

sifongo

ღრუბელი

kisagaji matunda

ბლენდერი

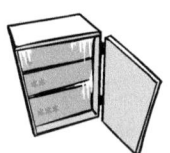

friji ya kina

საყინულე კამერა

chupa ya mtoto

საბავშვო ბოთლი

bomba

ონკანი

bafu
აბაზანა

joto
mfereji wa kuogea
შხაპი
taulo
პირსახოცი
pazia la kuogea
საშხაპე ფარდა
maji ya kuoga yenye povu
ღრუბლიანი აბანო
hodhi
ვანა
glasi
ჭიქა
mashine ya kuosha
სარეცხი მანქანა
bomba
ონკანი
vigae
ფილები
poti
ღამის ქოთანი
karo
ნიჟარა

choo
ტუალეტი

choo cha squat
იატაკის ტუალეტი

beseni la mviringo
ბიდე

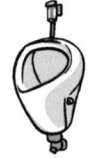

choo cha umma
კედლის პისუარი

shashi
ტუალეტის ქაღალდი

brashi ya choo
ტუალეტის ჯაგრისი

mswaki

კბილის ჯაგრისი

dawa ya meno

კბილის პასტა

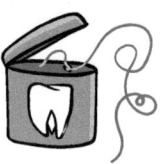

dawa ya meno

კბილის ძაფი

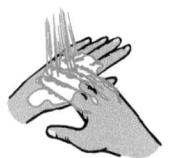

safisha

რეცხვა

kuoga mkono

ხელის შხაპი

msukumo wa maji

ინტიმური შხაპი

bonde

ტაშტი

mpako wa pili

ზურგის სახეხი ფუნჯი

sabuni

საპონი

jeli ya kuogea

შხაპის გელი

shampuu

შამპუნი

flana

ნეჭა

toa maji

სანიაღვრე

krimu

კრემი

kiondoa harufu

დეოდორანტი

kioo

სარკე

kioo mkono

ხელის სარკე

kinyozi

ბრიტვა

povu la kunyoa

საპარსი ქაფი

baada ya kunyoa

საშუალება გაპარსვის შემდეგ

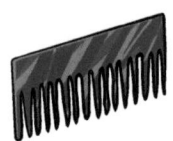

kichana

სავარცხელი

brashi

ჯაგრისი

kikausha nywele

თმის საშრობი

marashi ya nyewele

თმის ლაქი

vipodozi

კოსმეტიკა

kidomwa

ტუჩების პომადა

varnish ya msumari

ფრჩხილის ლაქი

pamba

ბამბა

mkasi wa kucha

ფრჩხილის მაკრატელი

manukato

სუნამო

mkoba wa kuosha

კოსმეტიკის ჩანთა

kinyesi

ტაბურეტი

mizani

სასწორი

nguo ya kuoga

საბაზანო ხალათი

glavu za mpira

რეზინის ხელთათმანები

kisodo

ტამპონი

sodo

სანიტარული პირსახოცი

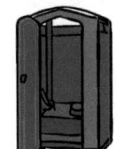

kemikali choo

ბიო-ტუალეტი

chumba ya mtoto
საბავშვო ოთახი

saa ya kengele
მაღვიძარა
kidoli cha kupakata
რბილი სათამაშო
gari bandia
სათამაშო მანქანა
kelele
ჩხარუნა სათამაშო
chumba cha midoli
თოჯინების სახლი
sasa
საჩუქარი

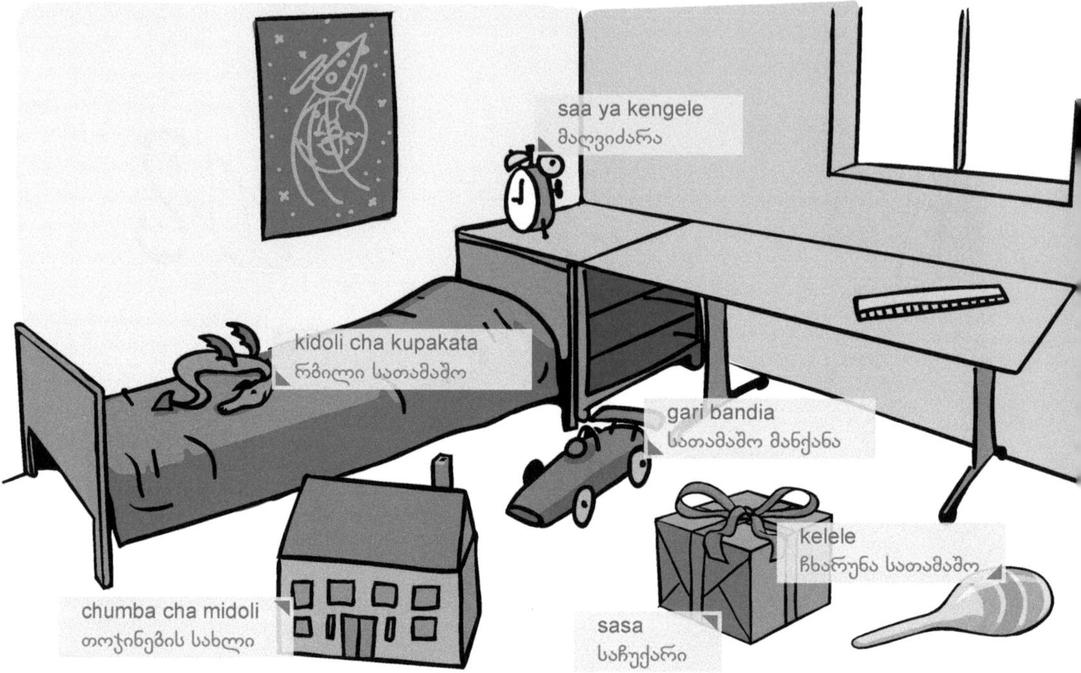

baluni

ბუშტი

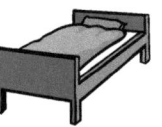

kitanda

ლოგინი

mashua

საბავშვო ეტლი

staha ya kadi

კარტის თამაში

mchezo-fumb

პაზლი

vichekesho

კომიკსი

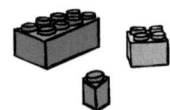

matofali lego

ლეგოს აგურები

vitalu mwigo

ასაშენებელი კუბიკები

hatua takwimu

სათამაშო ფიგურა

suti ya kulalia

საცოცავი

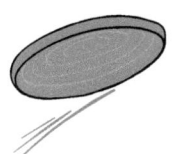

kisahani

ფრისბი

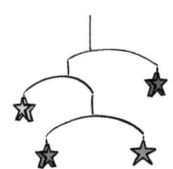

simu

მობილე

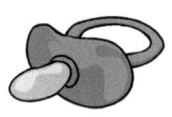

ubao wa michezo

სამაგიდო თამაში

kete

კამათელი

garimoshi mwigo

რკინიგზის მოდელი

dummy

საწოვარა

chama

წვეულება

picha kitabu

წიგნი ნახატებით

mpira

ბურთი

kikaragosi

თოჯინა

kucheza

თამაში

shimo la mchanga

საქვიშარი

bembea

საქანელა

vitu bandia

სათამაშოები

kiweko cha video ya mchezo

ვიდეო თამაშის კონსოლი

baiskeli ya magurudumu

სამთვლიანი ველოსიპედი

matatu

mwanasesere

დათუნია

kabati

გარდეროზი

nguo

ტანსაცმელი

soksi

წინდები

stokingi

ჩულქები

kibano

კოლგოტები

skafu
შარფი

mwavuli
ქოლგა

fulana
მკლავებიანი მაისური

ukanda
ქამარი

wakufunzi
ბოტასები

viatu
ფეხსაცმელი

ndara
ჩუსტები

malapa

სანდლები

viatu

ფეხსაცმელი

mabuti ya mpira

რეზინის ჩექმები

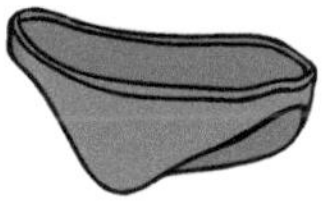

suruali ya ndani

ტრუსები

sidiria

ბიუსჰალტერი

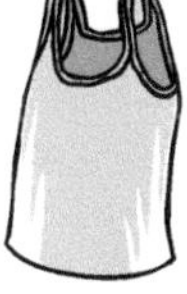

fulana

მაისური

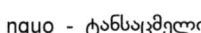

mwili

სხეული

suruali

შარვალი

dangirizi

ჯინსი

sketi

ქვედაკაბა

blauzi

ბლუზი

shati

პერანგი

vuta

სვიტრი

sweta

კაპიუშონიანი ჟაკეტი

bleza

სპორტული ქურთუკი

jaketi

ჟაკეტი

koti

პალტო

koti la mvua

საწვიმარი

maleba

კოსტუმი

gauni

კაბა

mavazi ya harusi

საქორწილო კაბა

suti

კაცის კოსტიუმი

vazi la usiku

ღამის პერანგი

pajama

პიჟამოები

sari

სარი

skafu

თავშალი

kilemba

ტურბანი

burka

ჩადრი

kaftan

ხიფთანი

abaya

აბაია

vazi la kuogelea

საცურაო კოსტუმი

vazi la kiume la kuogelea

ჩემოდნები

kaptura

შორტები

teitei

სპორტული კოსტიუმი

aproni

წინსაფარი

glavu

ხელთათმანები

kifungo

ღილი

glasi

სათვალეები

bangili

სამაჯური

mkufu

ყელსაბამი

pete

ბეჭედი

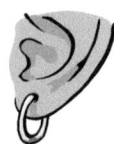

herini

საყურე

kofia

კეპი

kiango cha koti

საკიდი

kofia

ქუდი

tai

ჰალსტუხი

zipu

ელვა-შესაკრავის შეკვრა

kofia

ჩაფხუტი

kanda za suruali

აჭიმი

sare za shule

სკოლის ფორმა

sare

ფორმა

bibu

ბავშვის წინსაფარი

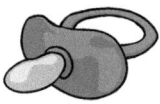

dummy

საწოვარა

nepi

პამპერსი

ofisi
ოფისი

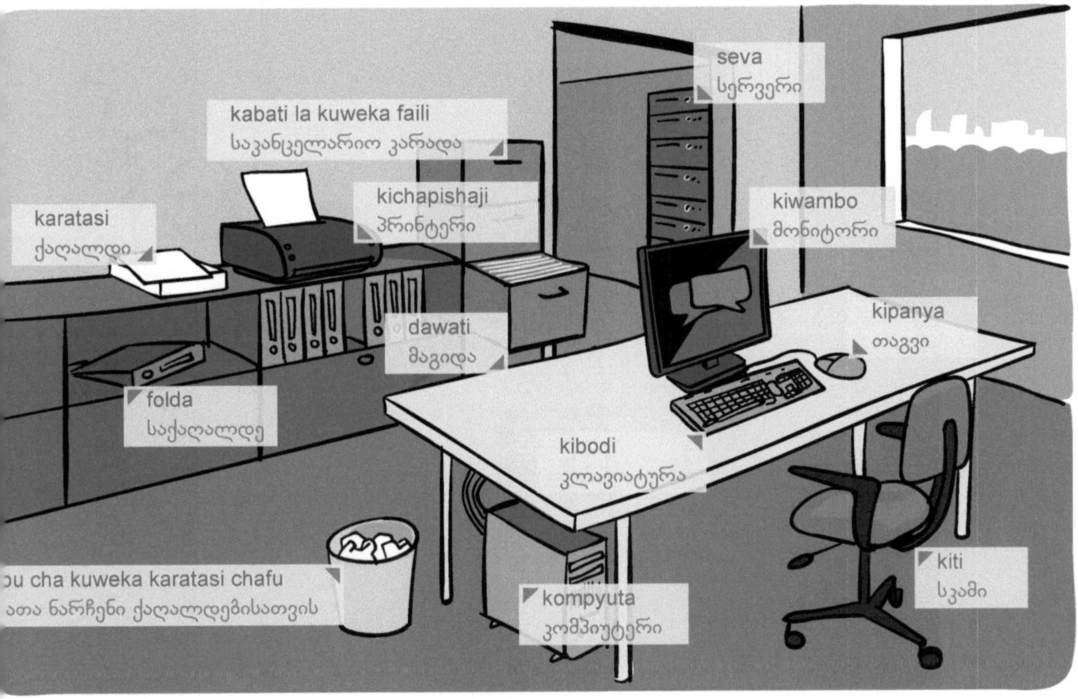

seva
სერვერი

kabati la kuweka faili
საკანცელარიო კარადა

kichapishaji
პრინტერი

kiwambo
მონიტორი

karatasi
ქაღალდი

dawati
მაგიდა

kipanya
თაგვი

folda
საქაღალდე

kibodi
კლავიატურა

kiti
სკამი

...u cha kuweka karatasi chafu
...ათა ნარჩენი ქაღალდებისათვის

kompyuta
კომპიუტერი

kmobe la kahawa

ყავის ფინჯანი

kikokotoo

კალკულატორი

biashara

ინტერნეტი

mbali

ლეპტოპი

barua

წერილი

ujumbe

მესიჯი

rununu

მობილური ტელეფონი

intaneti

ქსელი

fotokopia

სკანერი

programu

პროგრამული
უზრუნველყოფა

simu

ტელეფონი

soketi

როზეტი

kipepesi

ფაქსის მანქანა

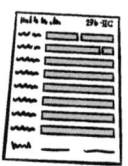

fomu

ფორმულარი

hati

დოკუმენტი

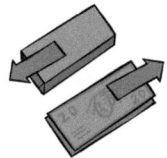

kununua

ყიდვა

kulipa

გადახდა

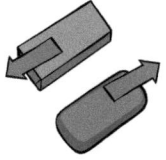

biashara

ვაჭრობა

fedha

ფული

dola

დოლარი

yuro

ევრო

yeni

იენი

rouble

რუბლი

faranga ya Uswisi

შვეიცარული ფრანკი

renminbi yuan

ჟენმინბი იუანი

rupia

რუპი

eneo la kulipia

ბანკომატი

ofisi ya ubadilishanaji

ვალუტის გადაცვლის პუნქტი

dhahabu

ოქრო

fedha

ვერცხლი

mafuta

ნავთობი

nishati

ენერგია

bei

ფასი

mkataba

ხელშეკრულება

kodi

გადასახადი

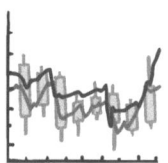

bidhaa

აქცია

kazi

მუშაობა

mfanyakazi

თანამშრომელი

mwajiri

დამსაქმებელი

kiwanda

ქარხანა

duka

მაღაზია

kazi

პროფესიები

afisa wa polisi
პოლიციის ოფიცერი
mzimamoto
მეხანძრე
mpishi
მზარეული
daktari
ექიმი
rubani
მფრინავი

mtunza bustani

მებაღე

seremala

დურგალი

mshonaji

თეთრეულის მკერავი ქალბატონი

hakimu

მოსამართლე

mwanakemia

ქიმიკოსი

muigizaji

მსახიობი

dereva wa basi

ავტობუსის მძღოლი

dereva wa teksi

ტაქსის მძღოლი

mvuvi

მეთევზე

mwanamke wa kusafisha

დამლაგებელი ქალბატონი

mwezekaji

სახურავის ოსტატი

mhudumu

მიმტანი

mwindaji

მონადირე

mchoraji

ფერმწერი

mwokaji

მცხობელი

umeme

ელექტრიკოსი

mjenzi

მშენებელი

mhandisi

ინჟინერი

mchinjaji

ყასაბი

fundi bomba

სანტექნიკოსი

mwanaposta

ფოსტალიონი

mwanajeshi

ჯარისკაცი

msanifu majengo

არქიტექტორი

keshia

მოლარე

muuza maua

ფლორისტი

msusi

პარიკმახერი

kondakta

კონდუქტორი

mekanika

მექანიკოსი

nahodha

კაპიტანი

daktari wa meno

სტომატოლოგი

mwanasayansi

მეცნიერი

rabbi

რაბინი

imamu

იმამი

mtawa

ბერი

kasisi

სასულიერო პირი

zana

იარაღები

nyundo
ჩაქუჩი
koleo
ბრტყელტუჩა
bisibisi
სახრახნისი
spana
ქანჩის გასაღები
kurunzi
ჯიბის სანათი

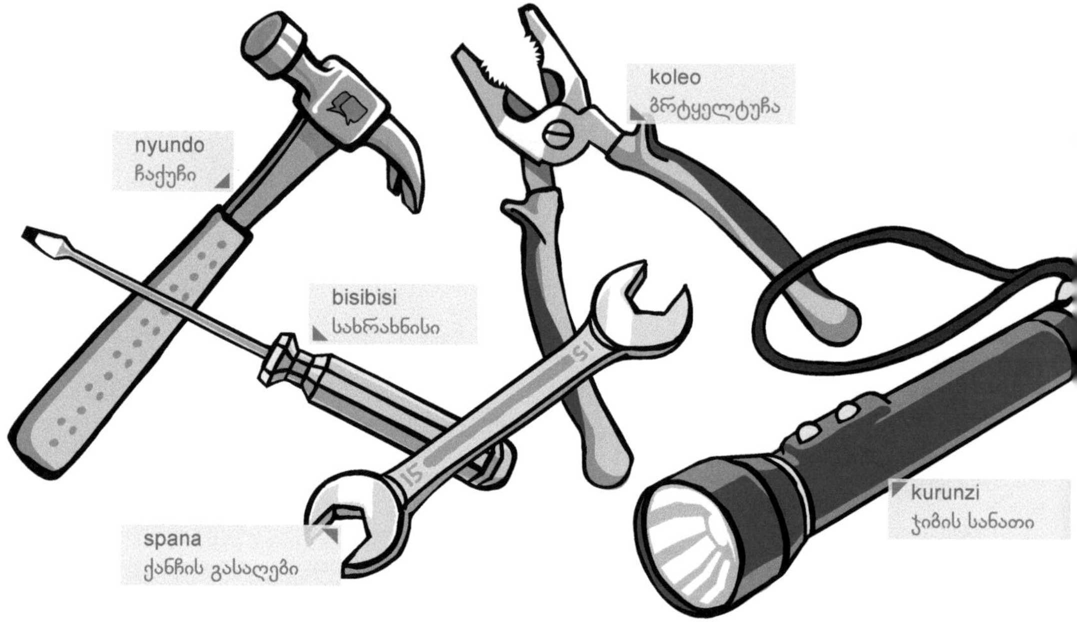

mchimbaji

ექსკავატორი

sanduku la vifaa

იარაღების ყუთი

ngazi

კიბე

msumeno

ხერხი

misumari

ლურსმები

kuchimba visima

საბურღი

kukarabati

შეკეთება

sepetu

ნიჩაბი

Lo!

ანდაზა!

kishikio cha uchafu

აქანდაზი

chungu cha rangi

საღებავის ქოთანი

skurubu

ხრახნები

ala za muziki

მუსიკალური ინსტრუმენტები

spika
რეპროდუქტორ
ი
mpangilio wa ngoma
დასარტყამი ინსტრუმენტების კრებული
gita
გიტარა
besi mara mbili
კონტრაბასი
tarumbeta
საყვირი

piano

ფორტეპიანო

fidla

ვიოლინო

ubeji

ბასი

timpani

ტიმპანონი

ngoma

დასარტყამები

kibodi

კლავიშები

saksafoni

საქსოფონი

filimbi

ფლეიტა

maikrofoni

მიკროფონი

bustani ya wanyama

ზოოპარკი

lango la kuingia
შესასვლელი
simbamarara
ვეფხვი
ngome
გალია
pundamilia
ზებრა
chakula cha mifugo
ცხოველთა საკვები
panda
პანდა

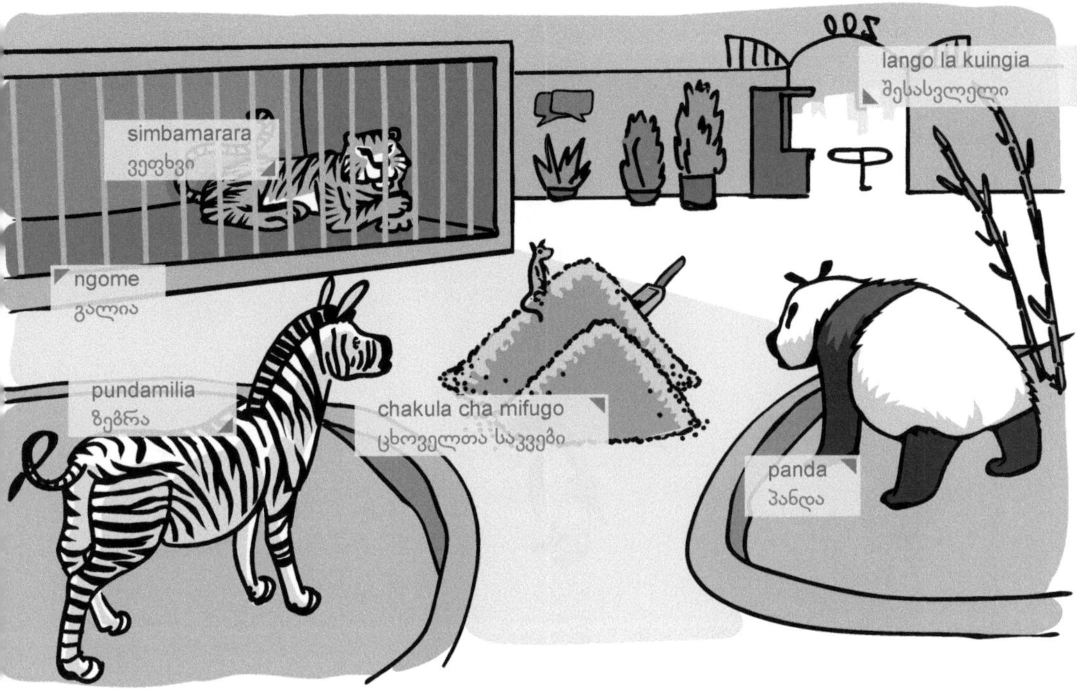

wanyama

ცხოველები

tembo

სპილო

kangaruu

კენგურუ

kifaru

მარტორქა

sokwe

გორილა

dubu

დათვი

ngamia

აქლემი

mbuni

სირაქლემა

simba

ლომი

tumbili

მაიმუნი

heroe

ფლამინგო

kasuku

თუთიყუში

dubu

პოლარული დათვი

penguini

პინგვინი

papa

ზვიგენი

tausi

ფარშევანგი

nyoka

გველი

mamba

ნიანგი

mtunza wanyama

ზოოპარკის მცველი

muhuri

სელაპი

jaguar

იაგუარი

mwanafarasi

პონი

chui

ლეოპარდი

kiboko

ბეჰემოტი

twiga

ჟირაფი

tai

არწივი

nguruwe mwitu

ტახი

samaki

თევზი

kobe

კუ

sili

მორჟი

mbweha

მელა

paa

გაზელი

michezo
სპორტი

soka ya marekani
ამერიკული ფეხბურთი
uendeshaji baiskeli
ველოსპორტი
tenisi
ჩოგბურთი
mpira wa kikapu
კალათბურთი
kuogelea
ცურვა
magongo ya barafuni
ყინულის ჰოკეი
ndondi
კრივი

soka
ფეხბურთი

vinyoya
ბადმინტონი

riadha
მძლეოსნობა

mpira wa mikono
ხელბურთი

skii
სათხილამურო სპორტი

polo
წყლის პოლო

shughuli
მოქმედებები

cheka
დაცინვა
kuruka
გადახტომა
kumbatia
ჩახუტება
kutembea
სეირნობა
kuimba
სიმღერა
ota ndoto
ოცნებობა
kuomba
ლოცვა
busu
კოცნა

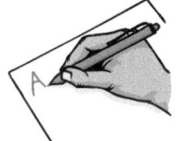

kuandika
წერა

kuteka
დახატვა

angalia
ჩვენება

sukuma
დაჭერა

kutoa
მიცემა

kuchukua
აღება

kuwa

ქონა

fanya

კეთება

kuwa

ყოფნა

kusimama

დგომა

kukimbia

გარბენა

vuta

მოქაჩვა

kutupa

გადაყრა

kuanguka

დაცემა

hadaa

ტყუილის თქმა

kusubiri

მოცდენა

kubeba

ტარება

kukaa

ჯდომა

vaa nguo

ჩაცმა

usingizi

ძილი

kuamka

გაღვიძება

kuangalia

დათვალიერება

lia

ტირილი

kiharusi

გაუთოება

chana nywele

დავარცხნა

ongea

ლაპარაკი

kuelewa

გაგება

kuuliza

შეკითხვა

kusikiliza

მოსმენა

kunywa

დალევა

kula

ჭამა

nadhifisha

დალაგება

upendo

ყვარება

mpishi

კერძების მზადება

gari

სვლა

kuruka

ფრენა

meli

აფრის ქვეშ სიარული

kokotoa

გამოთვლა

kusoma

წაკითხვა

kujifunza

შესწავლა

kazi

მუშაობა

kuoa

ქორწინება

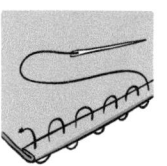

kushona

კერვა

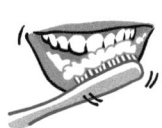

piga mswaki

კბილების ხეხვა

kuua

მოკვლა

moshi

მოწევა

kutuma

გაგზავნა

bibi
ბებია

babu
ბაბუა

baba
მამა

mama
დედა

mtoto
ბავშვი

binti
ქალიშვილი

bin
ვაჟიშვილი

mgeni
სტუმარი

shangazi
დეიდა

mjomba
ბიძა

kaka
ძმა

dada
და

mwili

სხეული

paji la uso
შუბლი
jicho
თვალი
uso
სახე
kidevu
ნიკაპი
matiti
მკერდი
kidole
თითი
mkono
ხელი
mkono
მკლავი
bega
მხარი
mguu
ფეხი

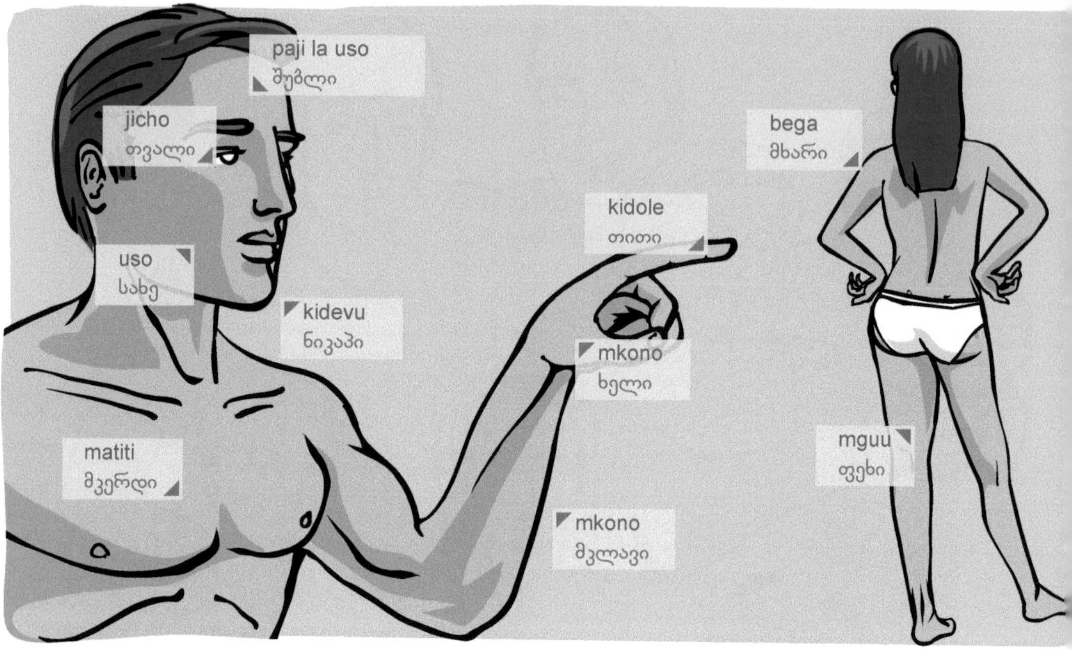

mtoto

ბავშვი

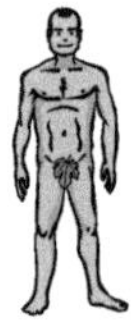

mwanamume

კაცი

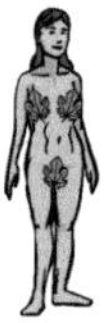

mwanamke

ქალი

msichana

გოგო

mvulana

ბიჭი

kichwa

თავი

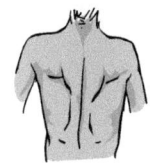

nyuma

ზურგი

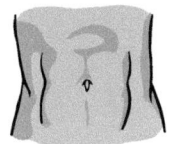

tumbo

მუცელი

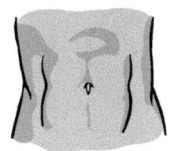

kitovu

ჭიპი

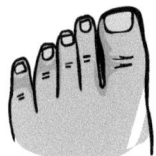

chano

ფეხის თითი

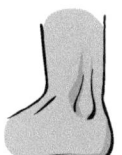

kisigino

ქუსლი

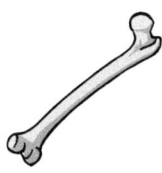

mfupa

ძვალი

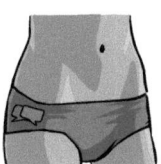

nyonga

ბარძაყი

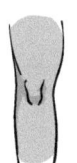

goti

მუხლი

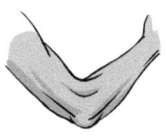

kiwiko

იდაყვი

pua

ცხვირი

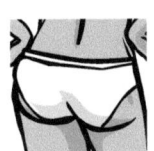

chini

დუნდულა

ngozi

კანი

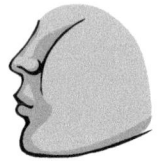

shavu

ლოყა

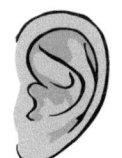

sikio

ყური

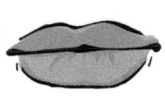

mdomo

ტუჩი

kinywa

პირი

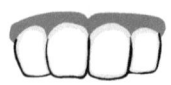

jino

კბილი

ulimi

ენა

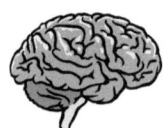

ubongo

ტვინი

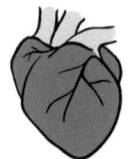

moyo

გული

misuli

კუნთი

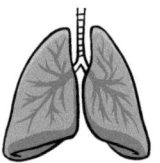

pafu

ფილტვი

ini

ღვიძლი

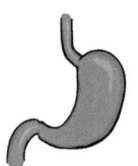

tumbo

კუჭი

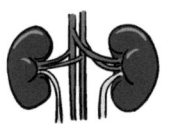

figo

თირკმელები

jinsia

სექსი

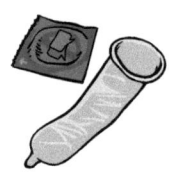

kondomu

პრეზერვატივი

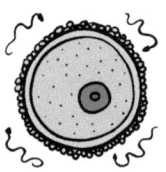

ovari

კვერცხუჯრედი

shahawa

სპერმა

mimba

ორსულობა

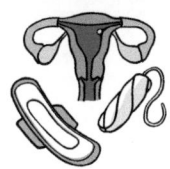

hedhi

მენსტრუაცია

uke

საშო

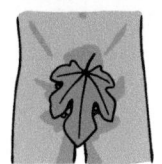

uume

პენისი

unyusi

წარბი

nywele

თმა

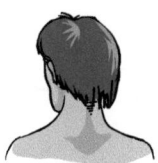

shingo

კისერი

hospitali
საავადმყოფო

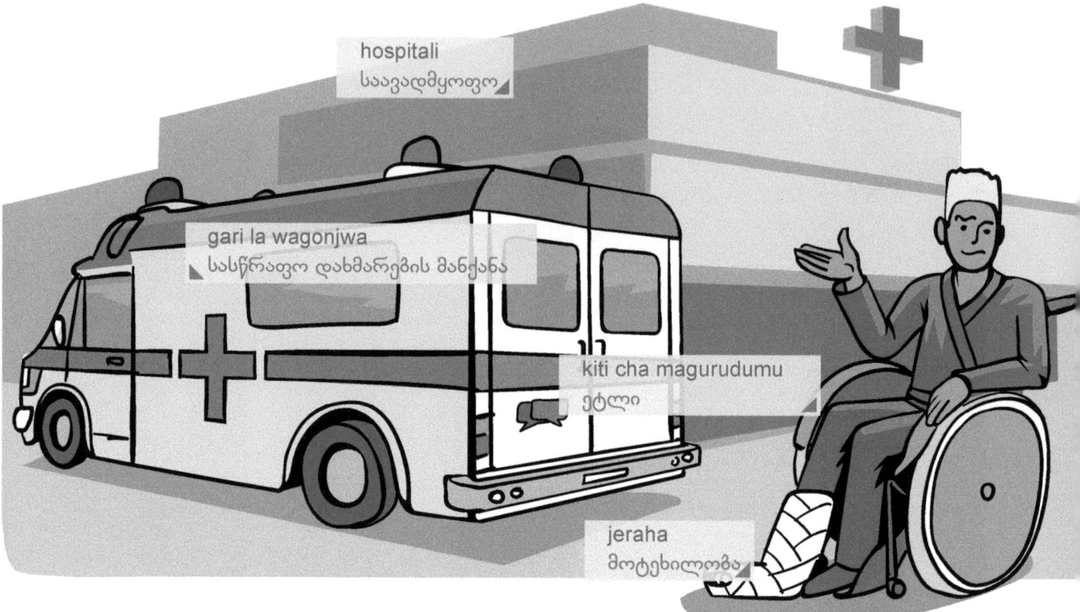

hospitali
საავადმყოფო
gari la wagonjwa
სასწრაფო დახმარების მანქანა
kiti cha magurudumu
ეტლი
jeraha
მოტეხილობა

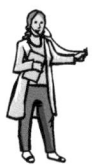

daktari

ექიმი

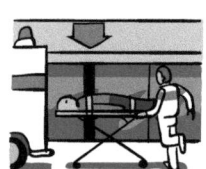

chumba cha dharura

პირველი დახმარების ოთახი

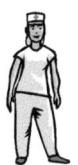

muuguzi

მედდა

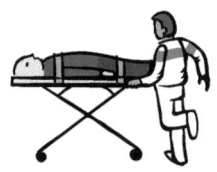

dharura

გადაუდებელი შემთხვევა

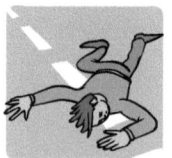

kupoteza fahamu

უგონოდ მყოფი

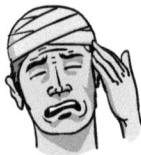

maumivu

ტკივილი

kuumia

დაზიანება

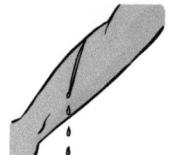

kutokwa na damu

სისხლდენა

mshtuko wa moyo

გულის შეტევა

kiharusi

ინსულტი

mzio

ალერგია

kikohozi

ხველა

homa

ცხელება

mafua

გრიპი

kuharisha

დიარეა

maumivu ya kichwa

თავის ტკივილი

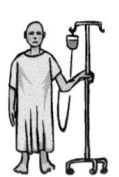

kansa

კიბო

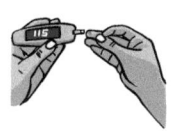

ugonjwa wa kisukari

დიაბეტი

daktari mpasuaji

ქირურგი

kisu kidogo cha kupasulia

სკალპელი

operesheni

ოპერაცია

picha changanufu ya mwili

კტ

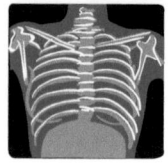

Eksrei

რენტგენი

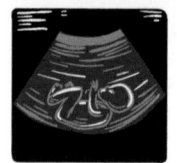

mawimbi sauti

ულტრაბგერა

barakoa ya uso

ნიღაბი

ugonjwa

დაავადება

chumba cha kusubiri

მოსაცდელი ოთახი

mkongojo

ყავარჯენი

plasta

თაბაშირი

bendeji

ბინტი

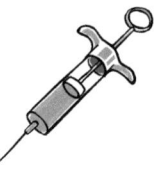

sindano

ინექცია

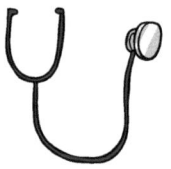

stetoskopu

სტეტოსკოპი

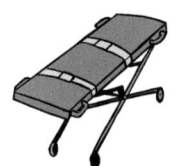

machela

საკაცე

kipimajoto cha kliniki

თერმომეტრი

kuzaliwa

დაბადება

unene kupita kiasi

ჭარბი წონა

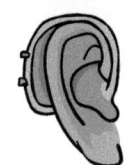

kusikia misaada

სმენის აპარატი

kipukusi

სადეზინფექციო საშუალება

maambukizi

ინფექცია

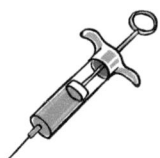

virusi

ვირუსი

VVU / UKIMWI

აივ / შიდსი

dawa

წამალი

chanjo

ვაქცინაცია

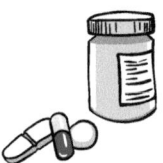

vidonge

ტაბლეტები

kidonge

აბი

simu ya dharura

გადაუდებელი გამოძახება

haemodainamometa

წნევის საზომი აპარატი

mgonjwa / mwenye afya

ავადმყოფი / ჯანმრთელი

dharura

გადაუდებელი შემთხვევა

Msaada!

დამეხმარეთ!

kengele

განგაში

pigo

თავდასხმა

shambulizi

შეტევა

hatari

საფრთხე

lango la dharura

სათადარიგო გასასვლელი

Moto!

ხანძარი!

kizima moto

ცეცხლსაქრობი

ajali

უბედური შემთხვევა

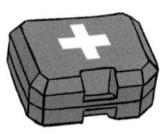

vifaa vya huduma ya kwanza

პირველადი დახმარების აფთიაქი

wito wa msaada

SOS

polisi

პოლიცია

dunia
დედამიწა

Ulaya

ევროპა

Amerika ya Kaskazini

ჩრდილოეთ ამერიკა

Amerika ya Kusini

სამხრეთ ამერიკა

Afrika

აფრიკა

Asia

აზია

Australia

ავსტრალია

Atlantiki

ატლანტიკა

Pasifiki

წყნარი ოკეანე

Bahari ya Hindi

ინდოეთის ოკეანე

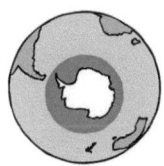

Bahari ya Antaktiki

ანტარქტიკის ოკეანე

Bahari ya Aktiki

ჩრდილოეთის ყინულოვანი ოკეანე

Ncha ya Kaskazini

ჩრდილოეთ პოლუსი

Ncha ya Kusini

სამხრეთ პოლუსი

Antaktika

ანტარქტიდა

dunia

დედამიწა

nchi

ხმელეთი

bahari

ზღვა

kisiwa

კუნძული

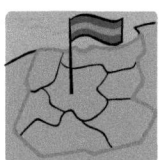

taifa

ერი

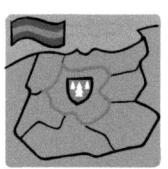

jimbo

სახელმწიფო

saa
საათი

uso wa saa
ციფერბლატი

akrabu ya saa
საათების ისარი

akrabu ya dakika
წუთების ისარი

akrabu ya sekunde
წამების ისარი

Ni saa ngapi?
რომელი საათია?

siku
დღე

wakati
დრო

sasa
ახლა

saa ya dijitali
ციფრული საათი

dakika
წუთი

saa
საათი

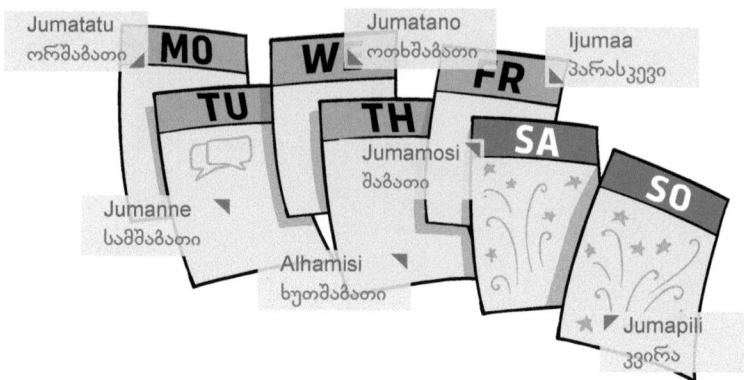

wiki

კვირა

Jumatatu
ორშაბათი
MO
Jumatano
ოთხშაბათი
Ijumaa
პარასკევი
TU
Jumamosi
შაბათი
Jumanne
სამშაბათი
Alhamisi
ხუთშაბათი
Jumapili

jana

გუშინ

leo

დღეს

kesho

ხვალ

asubuhi

დილა

saa sita mchana

შუადღე

jioni

საღამო

siku za biashara

სამუშაო დღეები

mwishoni mwa wiki

შაბათი-კვირა

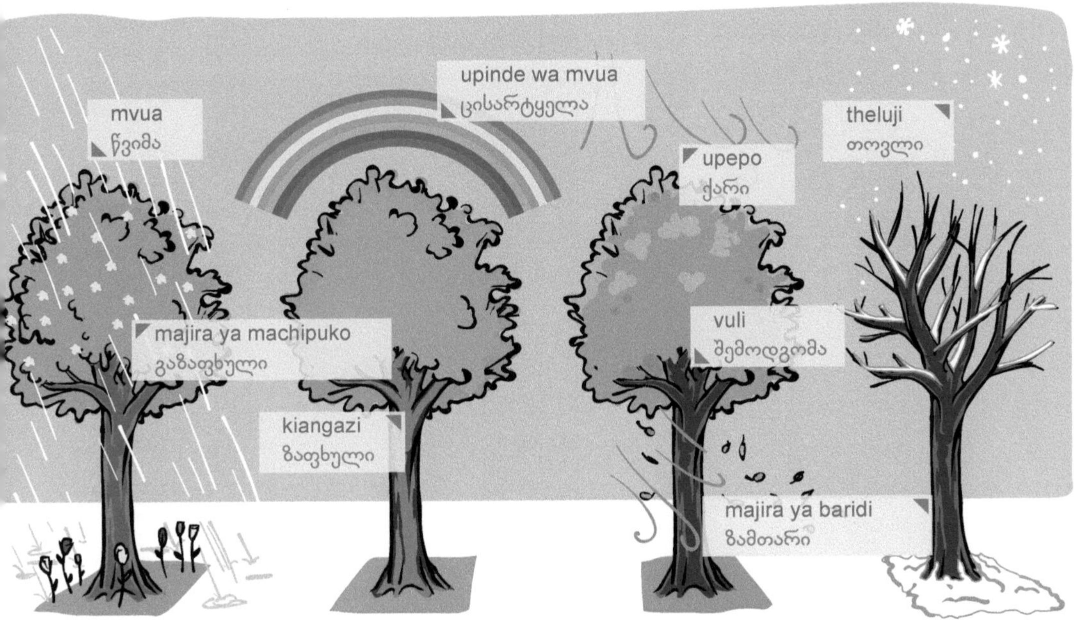

mvua
წვიმა

upinde wa mvua
ცისარტყელა

upepo
ქარი

theluji
თოვლი

majira ya machipuko
გაზაფხული

vuli
შემოდგომა

kiangazi
ზაფხული

majira ya baridi
ზამთარი

4.APRIL	11°	☀
5.APRIL	4°	☂
6.APRIL	13°	☁
7.APRIL	8°	❄
8.APRIL	10°	☀

utabiri wa hali ya hewa
ამინდის პროგნოზი

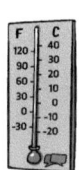

kipimajoto
თერმომეტრი

mwanga wa jua
მზის სხივი

wingu
ღრუბელი

ukungu
ნისლი

unyevu
ტენიანობა

umeme

ელვა

radi

ქუხილი

dhoruba

შტორმი

mvua ya mawe

სეტყვა

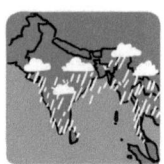

monsuni

მუსონი

mafuriko

წყალდიდობა

barafu

ყინული

Januari

იანვარი

Februari

თებერვალი

Machi

მარტი

Aprili

აპრილი

Mei

მაისი

Juni

ივნისი

Julai

ივლისი

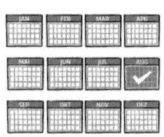

Agosti

აგვისტო

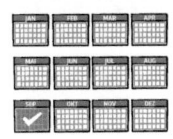

Septemba

სექტემბერი

Oktoba

ოქტომბერი

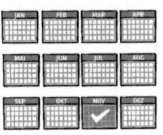

Novemba

ნოემბერი

Desemba

დეკემბერი

maumbo
ფორმები

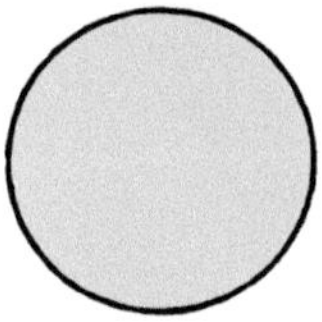

mduara

წრე

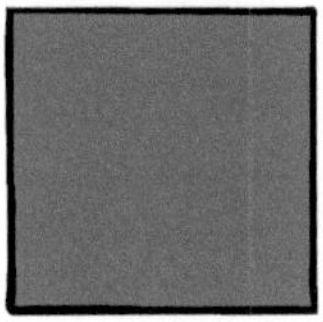

mraba

კვადრატი

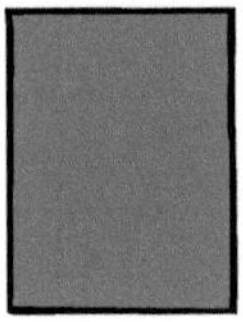

mstatili

მართკუთხედი

pembetatu

სამკუთხედი

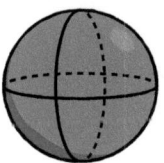

nyanja

სფერო

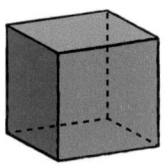

mchemraba

კუბი

rangi
ფერები

nyeupe

თეთრი

manjano

ყვითელი

chungwa

ნარინჯისფერი

rangi ya waridi

ვარდისფერი

nyekundu

წითელი

hudhurungi

იისფერი

bluu

ცისფერი

kijani

მწვანე

hanja

ყავისფერი

jivujivu

ნაცრისფერი

nyeusi

შავი

mengi / kidogo

ბევრი / ცოტა

hasira / pole

გაბრაზებული / მშვიდი

nzuri / mbaya

ლამაზი / მახინჯი

mwanzo / mwisho

დასაწყისი / დასასრული

kubwa / ndogo

დიდი / პატარა

angavu / giza

ნათელი / მუქი

kaka / dada

ძმა / და

safi / chafu

სუფთა / ჭუჭყიანი

kamilika / tokamilika

სრული / არასრული

siku / usiku

დღე / ღამე

wafu / hai

მკვდარი / ცოცხალი

pana / nyembamba

განიერი / ვიწრო

kulika / kutolika

საჭმელად ვარგისი / საჭმელად უვარგისი

ovu / ema

ბოროტი / კეთილი

sisimkwa / udhika

შთამბეჭდავი / მოსაწყენი

nene / nyembamba

სქელი / თხელი

kwanza / mwisho

პირველი / ბოლო

rafiki / adui

მეგობარი / მტერი

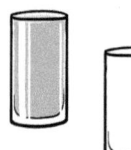

jaa / tupu

სრული / ცარიელი

ngumu / laini

მყარი / რბილი

nzito / nyepesi

მძიმე / მსუბუქი

njaa / kiu

მოშიებული / მწყურვალე

mgonjwa / mwenye afya

ავადმყოფი / ჯანმრთელი

haramu / kisheria

არალეგალური / ლეგალური

akili / kijinga

ინტელექტუალი / სულელი

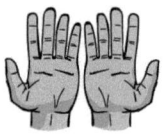

kushoto / kulia

მარცხენა / მარჯვენა

karibu / mbali

ახლოს / შორს

mpya / kutumika

ახალი / გამოყენებული

kitu / jambo

არაფერი / რაღაცა

zee / changa

მოხუცი / ახალგაზრდა

waka / zima

ჩართვა / გამორთვა

wazi / fungwa

ღია / დახურული

utulivu / kelele

ჩუმი / ხმამაღალი

tajiri / masikini

მდიდარი / ღარიბი

sahihi / kosa

მართალი / მტყვანი

mbaya / laini

უხეში / გლუვი

huzunika / furahia

სევდიანი / ბედნიერი

fupi /ndefu

მოკლე / გრძელი

polepole / haraka

ნელი / სწრაფი

nyevu / kavu

სველი / მშრალი

joto / baridi

თბილი / გრილი

vita / amani

ომი / მშვიდობა

nambari
რიცხვები

0

sufuri

ნული

1

moja

ერთი

2

mbili

ორი

3

tatu

სამი

4

nne

ოთხი

5

tano

ხუთი

6

sita

ექვსი

7

saba

შვიდი

8

nane

რვა

9

tisa

ცხრა

10

kumi

ათი

11

kumi na moja

თერთმეტი

12

kumi na mbili

თორმეტი

13

kumi na tatu

ცამეტი

14

kumi na nne

თოთხმეტი

15

kumi na tano

თხუთმეტი

16

kumi na sita

თექვსმეტი

17

kumi na saba

ჩვიდმეტი

18

kumi na nane

თვრამეტი

19

kumi na tisa

ცხრამეტი

20

ishirini

ოცი

100

mia

ასი

1.000

elfu

ათასი

1.000.000

milioni

მილიონი

lugha
ენები

Kiingereza

ინგლისური

Kiingereza cha Marekani

ამერიკული ინგლისური

Kimandarini cha Uchina

ჩინური მანდარინი

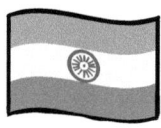

Kihindi

ჰინდი

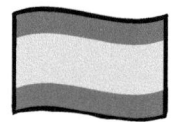

Kihispania

ესპანური

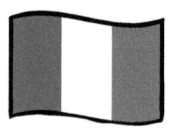

Kifaransa

ფრანგული

Kiarabu

არაბული

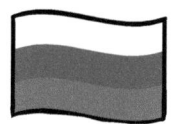

Kirusi

რუსული

Kireno

პორტუგალიური

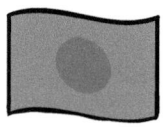

Kibengali

ბენგალური

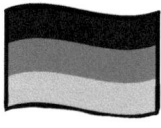

Kijerumani

გერმანული

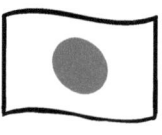

Kijapani

იაპონური

ambao / nini / jinsi
ვინ / რა / როგორ

mimi

მე

wewe

შენ

yeye / yeye / ni

ის / ის / იგი

sisi

ჩვენ

wewe

თქვენ

wao

ისინი

nani?

ვინ?

nini?

რა?

jinsi gani?

როგორ?

wapi?

სად?

lini?

როდის?

jina

სახელი

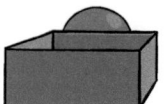

wapi

სად

nyuma

უკან

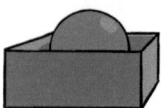

katika

შიგნით

mbele ya

წინ

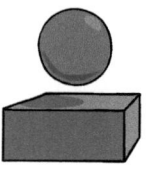

juu ya

ზედ

kwenye

=-ზე

chini ya

ქვეშ

kando

გვერდით

kati

შორის

mahali

ადგილი